A mon Père, à ma Mère,

Amour, dévouement, reconnaissance.

A TOUS MES PARENS.

1846

FACULTÉ DE DROIT DE TOULOUSE.

ACTE PUBLIC
POUR LA LICENCE,

En exécution de l'art. 4, tit. 2, de la loi du 22 Ventôse an 12,

SOUTENU

Par M. Callat (Casimir),

Né à Leuc (Aude).

JUS ROMANUM.

Inst. Lib. III, Tit. XXV.

De Locatione et Conductione.

Inter quatuor genera contractuum, qui solo perficiuntur consensu, locationem-conductionem admittunt, quæ ipsa in duas species dividitur : rerum una, altera operarum quam priorem origine existimamus. Locari verò possunt res solùm quæ sunt in commercio.

Locatio-conductio tantam habet cum emptione-venditione affinitatem, ut apud institutiones Justiniani hæc inveniamus : « Proxima

1

est emptioni et venditioni, iisdemque regulis juris consistit. » Reipsà, cuique horum contractuum mutuo consensu opus est, pretio aut mercede. In venditione-emptione, inter venditorem, id est qui rem prœbet, et emptorem qui accipit, conventio agitur, hisque datur arbitrio alieno, ut putà Titii, pretium linquere constituendum, quo negante, inanis remanet contractus, sin aliter œstimaverit, perfectus habeatur. Sic de locatione-conductione, easdemque regulas huic collatas esse intelligimus. Verùmtamem facile alterutram distinguere possumus, principalisque ea est differentia, quòd in venditione-emptione nullo mutetur modo, dumtaxatque usus concedatur; prœtercà facile in emptione-venditione discernere licet ab emptore venditorem, dùm verò in locatione-conductione sœpissimè, præsertim in locatione operarum dignosci non potest uter locator, uter conductor sit : etenim si quis informe pondus aureum prœbet aurifici, ut hic quoddam vas aut annulos efficiat, dubium est quis è domino materiæ, vel artifice qui certà pecunià artem concedit, locator seu conductor habeatur ; si opiniamem inclyti sequamur Cujaccii, aurificem dicemus locatorem, locat enim, inquit auctor, artem peritiamque ; at potiùs alterutrum locatorem conductoremve dicendum credimus; quòd si eâ in specie materiam prœbuisset faber, nec magis locationem, sed venditionem conventio constitueret.

Dicendum etiam locationem-conductionem tanquam venditionem-emptionem contrahi non posse, nisi certa interveniat merces, quæ solet pecunià constitui, etsi huic legi, ergà rerum conductorem, unam admittamus exceptionem, id est prædii fructibus ab eo locatori merces solvatur. Itaque uti potest fieri, si quivis unum bovem possidens, cum vicino unum quoque habenti, convenerit eos jugo accommodari, ità ut per certum tempus agrum cujusque colerent, nec venditio, nec locatio, nec commodatum quidem dùm gratuitum sit, conventione includi videntur, verùm innominatus suique generis contractus, cui sola competit actio prœscriptis verbis.

De Emphyteusi.

Est aliud genus conventionum , de quo diutissimè dubitavêre an
venditionem-emptionem , vel locationem-conductionem , seu alium
contractum constitueret : loquimur de eo quod primùm in more mu-
nicipia , post quidem habuerunt domini immensorum camporum
maxima quorum pars sumptûs causà deformis jacebat. Sub autem eâ
conditione contrahebatur conventio : cuidam dominus prædii illud
tradebat , ut ille tanquam ipse uteretur eo fruereturque , pensionem
quandiù solveret constitutam , ita ut neque ipsi colono, neque cæ-
teris quibus jura concessisset , afferri prædium liceret. Quòd si per
triennium insoluta pensio remansisset , jus erat domino fundum re-
cuperandi. Eo modo accuratè à colonis præstabatur canon, qui sese,
ut ità dicam , dominos existimantes , nec curâ , nec somptu impe-
diebantur.

Veluti suprà diximus , quibusdam in hoc conventu venditionem-
emptionem reperiri placebat , res enim in perpetuum , rectè solutâ
pensione , poterat contrahi ; alii verò facultatis causâ domino con-
cessæ in prædium sese restituendi , pro locatione-conductione ipsum
habebant , cùm lex Zenoniana proprio nomine hanc conventionem
dignovit vocavitque Emphyteusim, è verbo græco emphuteuô (colere , conserere).

Haud primo statu juris romani exortus apparet contractus Emphy-
teuticus, eâ verùm ætate , cùm quirites per universum armis impe-
rium extendissent dominosque penes cultus non fuisset possessio-
num. Paulatim etiam è prædiis ad ædes transivit Emphyteusis, prin-
cipioque ad tempus constituta , in perpetuum deinceps acta re-
mansit.

Ex tunc , quove modo, sit venditione, sit donatione Emphy-
teutœ licuit fundum tradere Emphyteuticarium , eâ tamen instanti
lege , ut in hujus venditione dominus cuilibet , nisi hæredi, ante
ponendus haberetur , suæque si renuntiàsset prœrogativæ , at saltem
pro consensu laudemium reciperet.

Et si quidem de damno infecto dominus Emphyteutaque inter se
conveniant, legem contractus explere coguntur ; quo pacto defi-
ciente, totius rei interitus ad dominum redundat, alter autem par-
ticulari tenetur jacturâ.

De effectu et actionibus locationis-conductionis.

Cuilibet contractui quas attulimus, fideliter exsequi leges necesse
est ; attamen ut effectum cujusque contractuum dignoscere liceat,
inter eos distingui contractus videntur qui *stricti juris* sunt, propter
quos, dictis qui conveniunt adstringuntur, qui verò *bonæ fidei* quod-
que bonum et æquum in sese continentes, ipsa quidem, ut ait
Vinnius, quæ nec dicta nec cogitata si naturaliter insint. Locationem-conductionem inter posteriores dinumerandam dicimus, itaque
præter conventa, dominus prævidere debet ne in possessione alienis
factis molestetur colonus, teneturque ei frui licere. Alterâ vice,
colonus rectè solvere mercedem fundumque colere debet ; aliis quidem sed hujus generis aliâ in locatione-conductione operarum
locator conductorque tenentur.

At quid de his verbis apud institutiones collatis Justiniani existi-
mandum videtur : « Ab eo (conductore) custodia talis desideratur
qualem *diligentissimus* pater-familiâs suis rebus adhibet ? » Ullo sine
dubio, positivi loco superlativum posuêre, pro diligenti diligentis-
simum, ut equidem aliis apparet textibus. Præterea nonne esset
iniquum veluti à commodatario, culpam à conductore maximam
præstandam fore, dùm ille gratuitò rebus alienis fruatur, alter autem
certà solummodò mercede.

Tempore elapso finitur locatio-conductio. Quòd si inter moras locator conductorve moriatur, iisdem juribus succedunt hæredes, iisdemque coguntur ; cessat quoque haud si solvatur merces, aut
conductor malè in re conductâ versetur. Si verò rem aliquo fortunæ
casu amiserit, propter finitam locationem-conductionem nullo modo
adstringi habetur,

Locatione-conductione duæ exoriuntur actiones, ex quibus una,
actio locati, locatori, altera autem, actio conducti conductori competit, ut totâ in lege exsequatur conventio, putà per priorem, tan-
quàm diligens pater-familias, conductor obligetur damnumque sarciat.
Per posteriorem, rem præstare conductoremque è quàlibet vexatione
locator defendere adstringitur.

CODE CIVIL.

Livre III, Titre XX.

De la prescription. — Du temps requis pour prescrire. (Art. 2260 à
2281.)

Section Ire. — *Dispositions générales.*

Au point de vue philosophique, la prescription attaque réellement
un principe fondamental, celui de l'inviolabilité du droit, qui, par son
caractère sacré et essentiellement impérissable, semble devoir être à
l'abri de toute sorte d'injures. Ce n'est pas à dire pour cela que cet
élément juridique soit immoral et nuisible, nous aimons mieux croire
qu'il a été réglé pour le maintien du bon ordre dans la société, et
pour éviter une multitude de procès inextricables que la mauvaise
foi n'aurait pas manqué d'exploiter. A l'ordre public vient se joindre
encore un intérêt politique : on a droit d'exiger de nous l'activité et
le travail, cette propriété que nous possédons, il est de notre devoir
de l'améliorer et de la maintenir en plein rapport, et si nous devons
toutes nos sympathies au bon père de famille, celui qui vit dans la
torpeur et la négligence ne doit s'attirer que notre mépris.

Ces considérations puissantes ont toujours milité pour la prescription, de tout temps son influence s'est fait sentir, et ses nombreux services lui ont valu le nom de *patrona generis humani*. Dès les premiers âges de Rome, nous trouvons l'usucapion, dont les règles étaient parfaitement dessinées ; de sa fusion avec la *præscriptio longi temporis*, Justinien fit surgir l'*usucapio transformata*. Les auteurs modernes ont également senti le besoin de réglementer la prescription et de lui laisser une extension assez large tout en la réduisant à de justes limites.

En présence de ce concours de tous les âges et de tous les peuples, nous ne balançons pas un instant à faire descendre la prescription du droit naturel ou des gens, quelque autorité que puisse avoir l'opinion de Grotius et de Cujas, et, à ce titre, nous accorderons à l'étranger et au mort civilement la faculté de recourir à son bénéfice.

Elle est définie par le Code : un moyen d'acquérir ou de se libérer par un certain laps de temps, et sous les conditions déterminées par la loi. Sans doute, dans la pensée du législateur, le temps n'est pas la cause immédiate de la prescription, mais seulement la mesure suivant laquelle doit s'exercer le fait de l'homme qui en est la base, c'est-à-dire la possession de celui qui acquiert, la renonciation présumée de celui qui néglige de faire valoir ses droits. Cette mesure de temps est plus ou moins longue, et varie suivant la nature de l'action et celle de l'objet à prescrire, mais, dans tous les cas, elle se compte par jours et non par heures, et la prescription n'est acquise que lorsque le dernier jour du terme est accompli. Ainsi, pour raisonner sur une hypothèse, si j'ai commencé à prescrire le premier janvier 1835, la prescription de dix ans ne sera accomplie qu'à la dernière heure expirée du 1ᵉʳ janvier 1845. Nous ne comptons donc pas le *dies à quo*, et le *dies ad quem* est encore utile pour suspendre ou interrompre la prescription. S'il s'agit de la prescription par un ou plusieurs mois, on suit la même règle, sans tenir aucun compte du plus ou moins grand nombre de jours que chacun de ces mois renferme, et s'en rapportant, date par date, au calendrier grégorien.

Observons encore que la loi, n'ayant pas d'effet rétroactif, les prescriptions commencées à l'époque de la publication du présent titre seront réglées conformément aux anciens usages (art. 2281). Néanmoins, que si, à l'époque de cette publication, les délais à courir étaient au moins ceux prescrits par la nouvelle loi, ce seraient ceux-là qu'il faudrait suivre, sans tenir aucun compte du temps déjà écoulé.

SECTION II. — *De la prescription trentenaire.*

Le législateur, lorsqu'il a déclaré que toutes les actions, tant réelles que personnelles, sont prescrites par trente ans, a voulu, dans des vues d'humanité, ne pas laisser un malheureux débiteur exposé, sa vie durant, aux coups d'un créancier inexorable, et a cédé aux exigences de l'ordre public repoussant toute indécision trop longue au sujet des droits de propriété. Il a compris également qu'il devait punir la négligence des propriétaires dont l'existence n'est plus qu'un fardeau à la société, et encourager le simple détenteur, par l'espoir de devenir un jour le maître absolu du champ qu'il cultive avec tant de labeurs. Aussi a-t-il dégagé la prescription qui nous occupe de toute entrave et de toute condition, autre que celle du temps, sauf pour celui qui allègue avoir prescrit de justifier l'exception qu'il oppose.

Toutefois, afin de restreindre autant que possible les facilités inévitables données à l'usurpation et à la mauvaise foi, et ne pas désarmer entièrement le bras du propriétaire ou du créancier, le Code, en laissant au premier le droit de tous les instans de suspendre ou d'interrompre la prescription qui le menace, a, par l'art. 2263, mis le second à l'abri de toute surprise ; ainsi, après vingt-huit ans de la date du dernier titre, le débiteur d'une rente peut être contraint à fournir à ses frais, un titre nouveau à ses créanciers, ou à ses ayant-cause. Sans cette sage disposition, il eût été trop facile au débiteur d'anéantir les quittances qu'il détient entre ses mains, et, après trente ans, prétendre à la prescription de la rente, sous prétexte qu'il n'en a jamais payé les arrérages. Si la loi n'a pas exigé un renouvellement plus fréquent du titre, c'est qu'il eût été une charge trop onéreuse pour le débiteur ou ses héritiers, peut-être même un objet de vexation de la part du créancier, auquel, du reste, deux années de repit suffisent pour éviter toute déchéance.

SECTION III. — *De la prescription par dix et vingt ans.*

A la différence de la prescription trentenaire, celle-ci a besoin pour s'accomplir du concours de plusieurs conditions, ce sont : 1° la bonne foi ; 2° un juste titre ; 3° le temps, dont la durée varie suivant les circonstances.

1° *La bonne foi* consiste dans la ferme opinion qu'on a bien et valablement acquis. *Justa opinio quæsiti dominii.* Cette croyance est toujours présumée, car on ne suppose pas le dol sans motif, et quiconque allègue son existence est tenu de la prouver (art. 2268). Mais comme en réalité, et indépendamment de l'intention de l'acquéreur, sa croyance est fausse et erronée, on ne déclare excusable que l'erreur de fait, et non l'erreur de droit ; l'une est utile à la prescription, l'autre demeure sans effet. Au demeurant, il suffit que la bonne foi ait existé au moment de l'acquisition, sans qu'elle se continue, de sorte que l'héritier pourrait se prévaloir de la bonne foi de son auteur, alors même qu'il en connaîtrait le vice, et la prescription ne cesserait pas de courir du moment du contrat, si l'objet a dû être livré aussitôt, puisqu'alors celui qui le détient possède pour l'acquéreur, à partir de la tradition s'il n'a dû être livré que plus tard.

2° *Le juste titre*, gratuit ou onéreux, est celui qui transfère la propriété, ainsi la vente, la donation. Pour être utile, on n'exige pas qu'il soit sans défaut, la prescription serait une superfluité, mais on entend qu'il renferme toutes les formes voulues, et soit tel qu'il eût transmis irrévocablement la propriété s'il était émané du véritable propriétaire. La bonne foi vient alors le corroborer et fait disparaître tout ce qu'il contient de défectueux. Il doit de plus exister réellement et d'une manière définitive, de sorte que l'héritier putatif, pas plus que celui à qui on aurait remis un legs par erreur, ne pourraient recourir à la prescription de dix ans.

Il importe de distinguer le titre nul du titre vicieux. S'il est nul, par exemple, une donation sous seing-privé, il ne peut pas servir de base à la prescription de dix ans, mais du moins il n'empêche pas la prescription trentenaire, suite inévitable du titre vicieux. Quant à la vente sous signature privée, comme la loi autorise cette forme de contrat, nous pensons qu'il y a juste titre, suffisant pour prescrire, mais son effet ne devra commencer que du moment où il aura acquis une date certaine par l'enregistrement.

3° Le temps est la troisième condition requise. Sa durée est de beaucoup moins longue pour cette prescription que pour celle de trente ans, et c'est justice. Ici, en effet, ce n'est plus l'usurpation qu'on favorise, mais le titre et la bonne foi, bien plus dignes d'égards. De plus, l'acquéreur a peut-être payé le prix à un insolvable, il a fait des dépenses sur l'objet dont il se croit propriétaire, il a pourvu de tous ses efforts à son amélioration ; toutes considérations suffisantes pour ne pas le laisser dans l'incertitude aussi long-temps que celui qui n'a rien à perdre, et affiche sa mauvaise foi ; aussi la loi a-t-elle décidé que cette prescription s'accomplit par dix ans, si le véritable propriétaire a son domicile, ou tout au moins sa résidence, dans le ressort de la cour royale, dans l'étendue de laquelle l'immeuble est situé, et par vingt ans, s'il est en dehors dudit ressort. Et si le propriétaire présent d'abord transfère sa résidence avant l'accomplissement de la prescription, il faut, pour la compléter, ajouter aux années écoulées pendant sa présence un nombre d'années d'absence, double de celui qui manque. L'état est censé toujours présent.

On s'est demandé si un usufruit pourrait se prescrire par dix ou vingt ans, la jurisprudence et les auteurs ont été long-temps indécis, actuellement, on adopte, en général, l'affirmative ; les opinions sont plus partagées au sujet des servitudes.

La prescription de dix ans s'applique aussi aux architectes et aux entrepreneurs. Après ce temps, la loi les déclare déchargés de la garantie des gros ouvrages qu'ils ont faits ou dirigés ; mais il n'est pas nécessaire, pour intenter l'action contr'eux, d'attendre la chute de l'édifice, il suffit qu'il se manifeste des vices patents de construction ou que la ruine soit imminente.

SECTION IV. — *De quelques autres prescriptions.*

Ces prescriptions, qu'on nomme de courte durée, sont fondées sur la présomption de paiement et sur l'habitude où l'on est de retirer rarement les quittances. La loi a laissé au créancier, comme dernière ressource, la faculté de déférer le serment, sur la question de savoir si la chose a été réellement payée. Si ce sont les héritiers du débiteur qui opposent la prescription, et que les uns offrent d'affirmer, tandis que les autres refusent, les premiers seront seuls libérés, mais pour leur part seulement. De plus, contrairement aux prescriptions au-dessus de cinq ans, celles de courte durée courent contre les mineurs et les interdits, sauf leur recours contre leurs tuteurs, auxquels, s'il y a lieu, le serment est déféré. Le Code de procédure fait également courir contr'eux tous délais pour faire opposition aux jugemens par défaut, ainsi que les délais pour faire appel ou se pourvoir en cassation ; il en serait de même de ceux en rescision de vente pour cause de lésion. Dans ces prescriptions enfin, la faveur est toute pour le débiteur : mais cette faveur cesse, et avec elle les dispositions de l'art. 2275 relatives au serment, lorsqu'il s'agit de l'action en restitution de pièces, dirigée contre les juges et les avoués, et de la perception des arrérages de rente et de pensions, dans tous ces cas on n'a eu en vue que de punir par la prescription la négligence des créanciers.

Telles sont les dispositions générales relatives aux prescriptions qui nous occupent, ces prescriptions se distinguent les unes des autres par leur durée, qui diffère selon la nature ou l'importance de l'objet auquel elles s'appliquent. Ainsi il en est qui s'accomplissent par cinq ans, d'autres par deux ans, une troisième classe par une seule année, et les dernières par six mois.

1° Par cinq ans.

Dans cette classe on fait rentrer les arrérages des rentes perpétuelles et viagères, ceux des pensions alimentaires, les loyers des maisons et le prix de ferme des biens ruraux, les intérêts des sommes prêtées et généralement tout ce qui est payable par année (article 2277). Pour tous ces cas, à la présomption de paiement, principe fondamental au sujet des prescriptions de courte durée, viennent se joindre des considérations d'ordre public. On n'a pas cru devoir permettre que le débiteur puisse être ruiné par des intérêts ou des arrérages accumulés ; ce motif nous porte à croire qu'il en est des intérêts du prix principal de la vente, comme de ceux du capital prêté et sont aussi soumis à la prescription quinquennale ; la raison de décider est la même. La loi ne fait pas d'exception même pour les alimens, et nous ne devons pas tenir compte ici de la faveur signalée dont ils sont toujours entourés ; cette faveur, en effet, on la leur accorde parce qu'on suppose qu'ils sont d'une absolue nécessité, présomption impossible et ridicule dans l'hypothèse, car si l'on reste cinq longues années sans rien réclamer, c'est que les besoins ont été minimes et d'une urgence bien douteuse. Quant à ce qui concerne la restitution de fruits, nous appliquerons la seule prescription de trente ans, sans cela il serait trop facile à l'homme de mauvaise foi de faire siens les produits du bien d'autrui.

Les avoués, a l'égard des affaires non terminées, ne peuvent former de demande pour leurs frais et salaires qui remonteraient à plus de cinq ans. On évite de cette manière, que certains de ces fonctionnaires éhontés et sans pudeur, au risque d'avilir leur profession, fassent traîner les procès en longueur, prenant soin de cacher aux parties les frais énormes déjà exposés, dans la crainte d'éteindre en eux le feu de la chicane, et de voir la cause se terminer par une transaction ou par tout autre moyen. Cependant, s'il est manifeste que l'avoué n'a pas agi comme fonctionnaire, mais seulement en qualité de mandataire, comme on ne peut plus lui imputer les mêmes intentions, il rentre dans la classe d'où l'exception seule la fait sortir , et son action n'est prescrite que par trente ans. C'est aussi la durée des actions accordées aux notaires et aux avocats pour la répétition de leurs déboursés et honoraires , voire même pour celles des agréés , qui sont de véritables avoués près les tribunaux de commerce , mais pour lesquels il n'était pas même raison de décider , à cause de la rapidité avec laquelle les tribunaux consulaires s'efforcent de vider les contestations.

Enfin , à titre de réciprocité , sans doute, les avoués comme les juges , sont déchargés des pièces cinq ans après le jugement des procès.

2° Par deux ans.

Est soumise à cette prescription l'action des avoués pour le paiement de leurs frais et salaires , le délai commence à compter du jugement du procès ou de la conciliation des parties , ou depuis la révocation desdits avoués. Les huissiers pour les pièces dont ils ont été chargés , sont aussi libérés après deux ans , à partir de l'exécution de la commission ou de la signification des actes (art. 2276).

3° Par un an.

A cette catégorie se rattachent : l'action des médecins , chirurgiens et apothicaires , pour leurs visites , opérations et médicamens ; celle des huissiers pour le salaire des actes qu'ils signifient , et des commissions qu'ils exécutent ; celles des marchands pour les marchandises qu'ils vendent à des particuliers non marchands (art. 2272). Entre commerçans , on suit les règles du commerce qui autorisent toute espèce de preuve , et donnent aux juges toute latitude pour arriver à la vérité. La présomption de paiement ne peut donc pas se maintenir à leur égard. Ils ont d'ailleurs pour justifier ce qu'ils avancent des factures , des correspondances et leurs livres qui peuvent faire foi , s'ils sont régulièrement tenus.

Nous ne comparons pas au marchand un agent d'affaire , contre lequel on ne pourrait invoquer que la prescription trentenaire.

Viennent ensuite : l'action des maîtres de pension , pour le prix de la pension de leurs élèves , celle des autres maîtres, pour le prix de l'apprentissage et celle des domestiques loués à l'année, pour le paiement de leurs salaires.

4° Par six mois.

D'après l'art. 2271 sont soumises à cette prescription : l'action des maîtres et des instituteurs des sciences et arts, pour les leçons qu'ils donnent au mois ; celle des hôteliers et traiteurs, à raison du logement et de la nourriture qu'ils fournissent ; celle des ouvriers et gens de travail pour le paiement de leurs journées, fournitures et salaires. Le législateur ne s'est occupé que des leçons données au mois, par voie d'induction nous sommes porté à croire qu'il doit en être de même de celles données au cachet, mais si elles étaient données à 'année, nous admettrions la prescription quinquennale, nous fondant pour cela sur la disposition *in fine* de l'art. 2277 ainsi conçue : les intérêts des sommes prêtées et *généralement tout ce qui est payable par année ou à des termes périodiques plus courts* se prescrit par cinq ans. Par suite du même texte, il semble que nous devons étendre notre opinion à toutes leçons données au-delà du mois. Quant aux hôteliers et aux traiteurs, leur action se prescrit par six mois comme nous venons de le voir. On entend sous cette dénomination, toutes personnes qui ont l'habitude de recevoir, nourrir, héberger les voyageurs, et qui sont autorisées pour cela. Nous ferons encore rentrer dans cette classe les maîtres de pension bourgeoise et ceux qui louent au mois en garni,

Au sujet des prescriptions de six mois, un an, ou deux ans, l'article 2274 fait une précision importante qui ne doit pas être passée sous silence. Cet article porte : la prescription dans les cas ci-dessus (ceux que nous venons de citer) a lieu quoiqu'il y ait eu continuation de fournitures, livraisons, services et travaux. Elle ne cesse de courir que lorsqu'il y a eu compte arrêté, cédule ou obligation, ou citation en justice non périmée. D'après cela, on peut établir que chaque fourniture et livraison est considérée comme une créance distincte, et tout comme si postérieurement il n'y avait pas eu d'autres fournitures ou d'autres livraisons. De sorte que chacune se prescrit séparément, à partir du jour où elle a été faite. Pour les maîtres de pensisns, instituteurs ou pour les domestiques, les délais courent de l'échéance de chaque terme. Il en est de même pour les hôteliers, traiteurs, ouvriers ou gens de travail. Le point de départ pour la prescription est toujours l'échéance du terme pris pour le paiement ; les ouvriers et gens de travail sont d'ordinaire payés à la fin de chaque semaine, à cause du besoin fréquent qu'ils ont de leur salaire pour leur subsistance et l'entretien de leur famille. Quant aux médecins et chirurgiens, comme ils sont dans l'habitude de ne demander le prix de leurs visites qu'à la fin de la maladie, la prescription à leur égard ne semble devoir courir que du jour où ils ont vu le malade pour la dernière fois ; cependant, si la maladie était chronique, il serait peut-être trop long d'attendre la fin pour réclamer tout ou partie de son dû et la prescription devrait partir de chaque visite,

Enfin, pour les huissiers, le délai commence à partir du dernier acte ou de la dernière commission. Et en ce qui concerne les apothicaires, comme ils sont de véritables marchands détaillant leurs médicamens, et fesant des fournitures et livraisons, nous leur appliquerons les mêmes règles qu'à ceux-ci.

Dans tous ces cas, si pendant le cours des fournitures, visites, services ou travaux, il a été donné un à compte, on doit selon nous l'imputer sur les premières fournitures, sur les premiers services ou travaux, à moins qu'il n'y ait stipulation contraire et désignation expresse de la dette qu'on veut acquitter.

Mais pourquoi l'art. 2274 dispose-t-il que la prescription ne cesse de courir que lorsqu'il y a compte arrêté, cédule ou obligation ou citation en justice non périmée ? c'est que toutes ces prescriptions, comme nous l'avons déjà dit, sont fondées sur la présomption de paiement, et que cette présomption n'est plus admissible du moment qu'il y a compte arrêté, cédule, c'est-à-dire acte sous seing-privé ou obligation qui est ici l'acte passé devant notaire, et dès-lors la prescription ne peut plus s'acquérir que par trente ans; il en serait de même s'il intervenait un jugement.

Des Meubles.

L'art. 2279 *principio* est insi conçu : en fait de meubles , la possession vaut titre. La première question que ce texte fait naître en nous
est celle-ci : que doit-on entendre en cette matière par le mot *meubles?*
devons-nous lui donner toute son extension ou le prendre dans un
sens moins large? Pour la solution du problème , il importe de se
pénétrer de la volonté du législateur. Sa pensée a été de prévenir , de
son mieux, toute espèce de contestations et de procès, et de laisser à
la mauvaise foi le champ le moins vaste possible ; dès-lors , considé-
rant que parmi les objets que la loi appelle meubles il en est dont la
transmission est si rapide et au sujet desquels il serait si difficile de
constater l'identité , il a dû admettre à leur égard, que la simple
tradition, de la main à la main, suffirait pour en transmettre la propriété. D'un autre côté, on ne pouvait pas se départir de la faveur
générale accordée au commerce, et pour ne pas gêner sa marche et
briser en lui l'activité qui le fait vivre, il était nécessaire de ne soumettre ses opérations à aucune forme, si minime qu'elle fût. C'est dans
ce double but qu'a été établie la disposition précitée. De là il semble
résulter que le mot *meuble* doit être pris dans un sens restreint et ne
doit comprendre que les objets que la loi déclare meubles par leur
nature, ainsi tous les meubles meublans, même les biens meubles et
effets mobiliers, à part ceux qui, renfermés dans ces deux dernières
désignations, ne sont déclarés meubles que par détermination de la
loi et ne sont pas purement corporels, par exemple une créance dont
la propriété ne saurait se transmettre par la simple tradition. La Cour
de cassation a jugé qu'il en serait de même pour une universalité de
meubles.

Ce même art. 2279, *in fine*, établit une exception à la première disposition , il porte : néanmoins celui qui a perdu , ou auquel il a été
volé une chose, peut la revendiquer pendant trois ans , à compter du
jour de la perte ou du vol, contre celui dans les mains duquel il la

trouve, sauf à celui-ci son recours contre celui duquel il la tient. — Cette seconde partie de l'article constitue un juste tempérament à la généralité trop absolue de la première. En effet, il eût été odieux que le voleur se fît un titre de sa propre faute, et que celui qui a trouvé la chose d'autrui eût pu, pour se l'approprier, s'étayer sur son indélicatesse, aussi la loi accorde-t-elle au propriétaire de la chose de la revendiquer pendant trois ans, à partir du jour de la perte ou du vol, en quelques mains qu'il la trouve, et sans indemnité aucune, alors même que le possesseur serait de bonne foi ; il a un recours, qu'il l'exerce. Cependant, si celui-ci avait acheté l'objet volé ou perdu, dans une foire ou dans un marché, ou d'un marchand vendant des choses pareilles, on est moins rigoureux à son égard, parce qu'il a dû penser que ce qu'on lui vendait appartenait bien réellement au vendeur, et dans ce cas, le propriétaire originaire ne peut se le faire rendre qu'en remboursant au possesseur le prix que cela lui a coûté, à moins de prouver sa mauvaise foi. Sans cette disposition personne n'eût osé acheter sans exiger les titres de propriété, et le commerce en eût ressenti une impression funeste.

Disons encore que le mot vol est pris dans un sens générique, et la disposition qui le concerne doit s'étendre à tous les cas analogues: s'il y avait eu escroquerie, par exemple, la possession ne vaudrait pas titre, et le possesseur serait pendant trois ans soumis à l'action en revendication. Il en serait autrement si l'on avait acheté de bonne foi une chose prêtée ou déposée, le propriétaire n'aurait d'action que contre son obligé immédiat, c'est-à-dire, l'emprunteur ou le dépositaire, contre lequel il conserverait son action pendant trente ans.

CODE DE PROCÉDURE.

LIVRE II, TITRE XII. — *Des Enquêtes.*

§ 1ᵉʳ — *Notions préliminaires.*

L'enquête a pour but d'arriver à la preuve d'un fait, par le témoi-
gnage de témoins, qui sont appelés à déposer la vérité sous la foi
du serment.

Pour que l'enquête soit possible, il faut, aux termes de l'art. 255
du Code de procédure, que les faits à prouver soient déniés, qu'ils
soient admissibles, c'est-à-dire qu'une fois prouvés ils exercent la
plus grande influence sur la cause, et enfin que la loi n'en défende pas
la preuve. Pour se pénétrer de cette dernière condition, il suffit de
se rapporter à quelques dispositions du Code civil. Ainsi les unes
défendent la preuve par témoins dans les matières dont la valeur
excède 150 fr. ; d'autres la défendent pour la recherche de la pater-
nité. Cela posé, si toutes les conditions requises existent, et qu'une
des parties demande une enquête, elle peut lui être accordée. Le
tribunal a aussi le droit d'ordonner d'office la preuve des faits qui
lui paraissent concluans, si la loi ne le défend pas. Dans tous ces
cas, les faits sont articulés succinctement par un simple acte de con-
clusions, sans écriture ni requête. Ils sont également par un simple
acte, c'est-à-dire d'avoué à avoué, déniés ou reconnus dans les trois
jours. Sinon ils peuvent être tenus pour confessés ou avérés. Ce délai de trois jours n'est pas prescrit à peine de déchéance, seulement
lorsqu'il est expiré le demandeur peut poursuivre l'instance.

S'il y a lieu à l'enquête, le jugement qui l'ordonne doit contenir :

5

1° les faits à prouver ; 2° la nomination du juge devant qui l'enquête sera faite. La première de ces conditions est substantielle, et son défaut entraîne la nullité du jugement ; il n'en est pas de même de la seconde, qui peut être toujours réparée postérieurement, soit qu'il y ait eu omission, soit qu'il y ait lieu à remplacement. D'ordinaire c'est devant le tribunal, nanti de l'affaire, que se fait l'enquête, et c'est un de ses membres qui est nommé juge commissaire; mais si la majorité des témoins étaient trop éloignés, la loi permet alors, dans des vues d'économie, que l'enquête soit faite devant un juge commis par un tribunal désigné à cet effet.

Celui qui a demandé l'enquête doit prouver les faits qui en sont l'objet. Les dénier et prouver le contraire, voilà le rôle du défendeur, et la source d'une autre enquête que par opposition à la première, on nomme *contre enquête*. L'une et l'autre doivent être commencées et terminées dans les délais fixés. L'art. 257 est ainsi conçu : si l'enquête est faite au même lieu où le jugement a été rendu, ou dans la distance de trois myriamètres, elle sera commencée dans la huitaine du jour de la signification a avoué; si le jugement est rendu contre une partie qui n'avait point d'avoué, le délai courra du jour de la signification à personne ou domicile : ces délais courent également contre celui qui a signifié le jugement, le tout à peine de nullité. Si le jugement est susceptible d'opposition, le délai courra du jour de l'expiration des délais de l'opposition. L'art. 258 ajoute : si l'enquête doit être faite à une plus grande distance, le jugement fixera le délai dans lequel elle sera commencée. L'enquête est censée commencée, pour chacune des parties, respectivement par l'ordonnance qu'elle obtient du juge-commissaire, à l'effet d'assigner les témoins, aux jour et heure par lui indiqués ; en conséquence, le juge-commissaire doit ouvrir les procès-verbaux respectifs par la mention de la réquisition et de la délivrance de son ordonnance.

Nous avons dit quand l'enquête et la contre-enquête doivent être commencées, reste à savoir quand elles devront prendre fin; à ce sujet, l'art. 278 nous apprend que l'enquête sera respectivement parachevée dans la huitaine de l'audition des premiers témoins, et cela à peine de nullité, non sans doute de l'enquête entière, mais des dépositions faites ultérieurement. Le tribunal a d'ailleurs la faculté de fixer un délai plus long, soit par le jugement qui ordonne l'enquête, si la nécessité se fait sentir tout d'abord, soit par un autre jugement. Dans ce cas, la prorogation sera demandée sur le procès-verbal du juge-commissaire, et ordonnée sur le référé qu'il en fera à l'audience, au jour indiqué par son procès-verbal, sans sommation ni avenir, si les parties ou leurs avoués ont été présens. Il ne sera accordé qu'une seule prorogation (art. 280).

§ 2. — *Assignation et audition des témoins.*

Chaque partie est intéressée à connaître les témoins qu'on lui oppose, afin de les reprocher, s'il y a lieu, et doit tenir à être présente à l'enquête pour faire au juge-commissaire les observations convenables ; aussi est-il prescrit, sous peine de nullité, que trois jours au moins avant l'audition des témoins, la partie soit assignée par un exploit en forme, au domicile de son avoué, si elle en a constitué, sinon à son domicile; on lui notifie en même temps les noms, professions et demeures des témoins à produire contre elle, et si quelques-uns sont omis, leur déposition est sans effet.

Ces formalités remplies, les témoins sont assignés à personne ou domicile. Ceux domiciliés dans l'étendue de trois myriamètres du lieu où se fait l'enquête, le sont au moins un jour avant l'audition. On ajoute un jour par trois myriamètres, pour ceux domicilés à une plus grande distance. Il est donné copie à chacun du dispositif du jugement, en ce qui concerne les faits admis, et de l'ordonnance du juge-commissaire, le tout à peine de nullité des dépositions des témoins, envers lesquels ces formalités ne sont pas observées.

Les personnes assignées doivent comparaître au jour fixé, à moins d'être empêchées, et sont tenues de faire leur déposition, sinon elles sont condamnées par ordonnance du juge-commissaire, à une somme qui ne peut être moindre de dix francs, au profit de la partie , elles peuvent encore être condamnées par la même ordonnance à une amende qui ne doit pas excéder la somme de cent francs. Enfin, nouvelle assignation est donnée aux défaillans , et s'ils ne se présentent pas, ils sont condamnés , et par corps, à une amende de cent francs. Au reste, ils sont déchargés de toutes ces peines après leur déposition, s'ils justifient qu'ils n'ont pu se présenter.

Le juge-commissaire commence l'enquête à l'heure indiquée par son ordonnance et par les assignations , et fait appeler les témoins, l'un après l'autre, afin de les entendre séparément. Avant d'être entendu, chaque témoin déclare ses noms, profession, âge et demeure, s'il est parent ou allié de l'une des parties, à quel degré , s'il est serviteur ou domestique de l'une d'elles. Après quoi, il fait serment de dire la vérité, et dépose sans qu'il lui soit permis de lire aucun projet écrit. Pendant la déposition, le juge-commissaire peut , soit d'office, soit sur la réquisition des parties, faire au témoin les interpellations convenables, et, lorsqu'il a fini, on lui demande s'il persiste dans sa déposition, dont il lui est donné lecture, et qu'il signe ainsi que les additions et changemens qu'il pourrait faire. S'il ne veut pas signer, ou ne peut pas, il en est fait mention sur le procès-verbal d'enquête.

La partie ne peut ni interrompre le témoin ni lui faire aucune interpellation directe ; il est tenu de s'adresser au juge-commissaire , à peine de dix francs d'amende, et de plus forte amende et même d'exclusion en cas de récidive (276, C. p.). Si le témoin requiert taxe, elle est faite par le juge-commissaire , sur la copie de l'assignation et vaut exécutoire. Quant au nombre de témoins que la loi autorise à faire entendre sur un même fait , il est limité à cinq ; la partie ne peut répéter les frais des autres dépositions. Si tous les témoins ne peuvent être entendus le même jour, le juge-commissaire remet à jour et heure certains , sans qu'une nouvelle assignation soit nécessaire.

§. 5. — *Des Reproches contre les témoins.*

Parmi les personnes qui peuvent être appelées comme témoins, il en est qui peuvent être reprochées, mais dont la déposition doit être lue, si le reproche n'est pas admis. Il en est d'autres dont l'incapacité est plus absolue et que le juge-commissaire doit d'office refuser d'entendre ; c'est ainsi qu'aux termes de l'art. 268, C. p. nul ne peut être assigné comme témoin, s'il est parent ou allié en ligne directe de l'une des parties ou son conjoint. Ce sont encore le mort civilement, l'interdit et beaucoup d'autres.

On entend par reproches, tout ce que peut alléguer une des parties, pour faire suspecter les dépositions qu'on lui oppose. Les reproches doivent ête proposés avant la déposition des témoins, à moins qu'ils ne soient justifiés par écrit.

Pourront être reprochés :

1° Les parens ou aliés de l'une ou de l'autre des parties, jusqu'au degré de cousin issu de germain inclusivement ; les parens ou alliés de l'un ou de l'autre des conjoints, au degré ci-dessus, si le conjoint est vivant ou si la partie ou le témoin en a des enfans vivans : en cas que le conjoint soit décédé et qu'il n'ait pas laissé des descendans, pourront être reprochés les parens et alliés en ligne directe, frères, beaux-frères, sœurs et belles-sœurs (art. 283, C. p.). Nous pensons que le frère naturel pourrait être reproché, quoique le Code n'en parle pas ; mais il n'en serait pas de même du frère adoptif, puisque le lien de parenté n'existe qu'entre lui et l'adoptant, et que ce lien est purement civil.

Dans ces cas, le reproche peut être proposé par toutes parties, par celle qui est parente du témoin, comme par la partie adverse.

2° Le témoin, héritier présomptif ou donataire, celui qui a bu ou mangé avec la partie, et à ses frais depuis la prononciation du jugement qui a ordonné l'enquête. Le législateur a pensé que la crainte de perdre un riche héritage ou de paraître forfaire à la reconnais-

sance, pourrait faire oublier quelquefois ce qu'on doit à la vérité et
à la foi jurée, et il a compris qu'il ne fallait exposer personne à
commettre une semblable monstruosité.

3° Celui qui a donné des certificats sur les faits relatifs au procès.
La partie seule à laquelle on oppose ces certificats peut proposer la
cause de reproche.

4° Les serviteurs ou domestiques, à cause de la dépendance sous
laquelle ils se trouvent à l'égard de leurs maîtres et de l'influence
qu'on exerce sur eux.

5° Le témoin en état d'accusation.

6° Celui qui aura été condamné à une peine afflictive ou infamante,
ou même à une peine correctionnelle pour cause de vol. A leur égard,
le juge devrait même refuser de recevoir leur serment; il devrait
en être de même pour les individus âgés de moins de quinze ans
révolus, mais on peut entendre la déposition de ces derniers.

Lorsqu'il existe une de ces causes de reproche, lesquelles, du
reste, ne doivent pas être étendues, et qu'une partie ou son avoué
la propose, il est statué sommairement, non par le juge-commissaire, mais par le tribunal qui, s'il y échet, ordonne la preuve du
reproche, qui doit être faite dans la forme réglée pour les enquêtes sommaires. Dans cette nouvelle enquête incidente de la première, aucun reproche ne peut être proposé s'il n'est justifié par
écrit, sans quoi on n'en finirait jamais. On reçoit toujours la déposition du témoin reproché, en cas que le reproche ne soit pas admis,
afin de pouvoir alors en prendre lecture

§ 4. — *Des Nullités en matière d'Enquête.*

Lorsque l'enquête ou la déposition est déclarée nulle, pour bien
apprécier les effets de cette nullité, il faut distinguer entre la nullité
qui est le fait du juge-commissaire, et celle qui n'a été amenée que
par la faute de l'officier ministériel. Dans le premier cas, l'enquête
ou la déposition est recommencée et les délais courent du jour de la

signification du jugement qui l'a ordonnée. La partie peut faire entendre les mêmes témoins ; et si quelques-uns ne peuvent comparaître, les juges ont tel égard que de raison aux dépositions par eux déjà faites. Dans le second cas, l'enquête n'est pas recommencée, mais la partie peut en répéter les frais contre l'officier ministériel, même des dommages et intérêts, en cas de manifeste négligence ; ce qui est laissé à l'arbitrage du juge (293). Du reste, la nullité d'une ou de plusieurs dépositions n'entraîne pas celle de l'enquête.

CODE DE COMMERCE.

De la lettre de change. — *Des voies de recours qui compètent au porteur non payé*, — *le rechange excepté.*

Le porteur d'une traite non payée, a, pour obtenir le paiement, deux sortes de voies de recours, les unes ordinaires, les autres extraordinaires, dont la marche est également simple et rapide. Nous n'avons à nous occuper que des premières.

Avant tout, la condition essentielle à remplir est de prouver, envers et contre tous, que le paiement n'a pas eu lieu, le mode absolu et solennel pour arriver à cette justification est le protêt, ainsi qu'il résulte de l'art. 162 du code de commerce ainsi conçu : Le refus de paiement doit être constaté par un acte que l'on nomme *protêt faute de paiement*. — Si ce jour est un jour férié légal, le protêt est fait le jour suivant. — Et l'article suivant statue formellement que le porteur n'est dispensé du protêt faute de paiement, ni par celui faute d'acceptation, ni par la mort ou la faillite de la personne, sur laquelle la lettre de change est tirée ; mais le protêt serait-il nécessaire, si, le tiré étant mort, l'héritier était encore dans les délais pour faire inventaire et délibérer ? C'est notre opinion, attendu que le protèt est une simple formalité, une constatation de non paiement, dont le seul but est de prévenir une déchéance, et qui ne change en rien l'état de l'héritier bénéficiaire.

Si avant l'échéance un des obligés tombe en faillite, il n'y a pas de difficulté, si c'est le tiré, l'art. 163 *in fine*, nous apprend en effet, que, dans le cas de faillite de l'accepteur avant l'échéance, le porteur peut faire exercer son recours ; déciderait-on de même si c'était un endosseur ou le tireur ? Sans contredit le porteur pourra obtenir immédiatement dans la masse, un dividende proportionnel à la créance, mais la difficulté vient de savoir s'il pourra recourir en même temps contre tous les autres signataires. L'ancienne jurisprudence, par une distinction fort sage, avait admis que dans la faillite d'un endosseur, un recours immédiat pouvait être exercé contre tous ceux qui avaient endossé la traite après le failli, tandis qu'elle le refusait à ceux qui avaient précédé, par la raison que les premiers, en venant après lui, avaient pu le connaître et s'étaient pour ainsi dire, portés garants de la signature, ce que n'avaient pu faire les seconds. Cette distinction n'est plus applicable aujourd'hui, et il résulte de l'art. 444 de la nouvelle loi sur les faillites, que les signataires accessoires ne pourront être actionnés avant l'échéance qu'autant que le signataire principal sera lui-même tombé en faillite. Donc en principe, si l'obligé qui faillit ne joue qu'un rôle accessoire dans la lettre de change, le recours immédiat ne sera ouvert que contre lui, pour tous les autres, il faudra attendre l'échéance, si, au contraire, c'est un obligé principal c'est-à-dire le tireur ou le tiré, selon qu'il n'y a pas eu acceptation ou que cette acceptation est intervenue, le porteur peut recourir d'hors et déjà, contre tous les signataires qui devront au moins se porter cautions du paiement.

La lettre de change une fois protestée, faute de paiement, le porteur exerce son action en garantie, ou individuellement contre le tireur ou chacun des endosseurs, ou collectivement contre les endosseurs et le tireur (164). Si le porteur exerce le recours individuellement contre son cédant, il doit lui faire notifier le protêt, et, à défaut de remboursement, le faire citer en jugement dans les quinze jours qui suivront la date du protêt, si celui-ci réside dans la distance de cinq myriamètres. — Ce délai à l'égard du cédant domicilié à plus de cinq myriamètres de l'endroit où la lettre de change était payable, sera augmenté d'un jour par deux myriamètres et demi.

Si au contraire le porteur exerce son recours collectivement contre les endosseurs et le tireur, il jouit, à l'égard de chacun d'eux, du délai que nous venons de déterminer, de sorte que ce délai pourra être plus long à l'égard de cet endosseur qu'à l'égard de celui-là, et que le porteur tombé en déchéance pour l'un, pourra encore recourir contre l'autre. Dans cette hypothèse, supposons que l'action en garantie ait été dirigée contre le second endosseur, les délais pour l'exercer contre le premier étant expirés; ce second endosseur que la loi met au lieu et place du porteur, peut-il actionner son cédant? Oui sans doute, si lui-même est encore dans le délai, ce qui est possible, puisqu'à son égard, il ne court que du lendemain de la date de la citation en justice. Nous accorderions même au porteur de l'attaquer par l'action indirecte du chef de ce second endosseur, mais alors il devrait subir les exceptions et compensations qui auraient pu être opposées à celui-ci.

Il résulte de ce qui précède, que le protêt une fois fait, il faut le notifier et citer en jugement dans quinzaine; si le dernier jour était férié, il n'y aurait pas lieu à augmentation, contrairement à ce qui se passe par rapport à la confection du protêt. La citation et la notification peuvent d'ailleurs être renfermées dans le même acte, et le porteur ne devrait pas être forcé à poursuivre la citation qui n'est qu'une superfétation de la loi. Nous comprenons la notification du protêt, puisqu'il s'agit de prévenir une déchéance, mais il aurait dû dépendre du porteur de citer son obligé quand bon lui aurait semblé. Quoi qu'il en soit, la notification et la citation sont de rigueur, et leur omission dans le délai requis entraîne la déchéance à l'égard de tous les endosseurs; la loi est formelle là-dessus. Mais supposons le délai

4

dûment expiré, et qu'un endosseur ne sachant pas qu'il peut, par
ce motif, repousser l'action du porteur, acquitte la traite sans invoquer la déchéance, pourra-t-il invoquer contre celui qu'il a payé la
condictio indebiti? La jurisprudence déclare l'endosseur responsable
de son ignorance. Cette opinion nous paraît trop absolue, quoiqu'elle
puisse être appliquée dans certains cas, par exemple si le porteur se
croyant valablement payé, est resté tranquille au lieu de poursuivre
les autres obligés, et a encouru la déchéance à leur égard. Au demeurant, la solution de la question doit dépendre des circonstances.

Jusqu'ici nous n'avons parlé que des règles relatives au recours di-
rigé individuellement contre un endosseur, ou collectivement contre
tous ; engagés par un lien de droit civil, ce lien s'anéantit selon les
prescriptions de la loi. Il s'agit de savoir maintenant si l'on devrait
suivre les mêmes principes à l'égard du tireur. L'art. 170 du code de
commerce porte : La même déchéance a lieu contre le porteur ou les
endosseurs à l'égard du tireur lui-même, si ce dernier justifie
qu'il y avait provision à l'échéance de la lettre de change, le porteur dans ce cas ne conserve d'action que contre celui sur qui
la lettre était tirée. — Il résulte de là qu'une condition de plus est
exigée du tireur pour jouir du bénéfice de déchéance, c'est la justification de l'existence de la provision, entre les mains du tiré, qui
alors reste seul obligé ; et nous pensons que si la provision n'était
faite qu'en partie, l'action pourrait être exercée pour le surplus contre le tireur. On n'a donc pas voulu que ce dernier fût exposé à payer
deux fois, par suite de la mauvaise foi du tiré, ou de la fausse position de ses affaires, et en cela on s'est montré plus favorable que l'ordonnance qui régissait la matière, et qui le déclarait toujours tenu et lié;
cependant la faveur ne devait pas être pleine et entière, par la raison
que le tireur a reçu une valeur qui jusqu'au paiement effectif de la
traite n'est compensée par aucune autre, aussi le législateur a bien
fait de se montrer plus sévère pour lui que pour l'endosseur qui n'a
rien à gagner, *certat de damno vitando*, et d'exiger la preuve qu'il a
livré les fonds destinés à payer la lettre de change.

Mais que décider , si dans la pensée que la lettre a été payée , le tireur s'est compromis d'avantage avec le tiré , à cause de la négligence du porteur à exercer son recours dans le délai prescrit par la loi ? Nous pensons que dans ce cas le tireur, alors même qu'il ne pourrait pas prouver la provision , serait en droit de repousser le protêt tardif du porteur, en établissant que c'est par la faute de ce dernier qu'il s'est compromis avec le tiré et devrait obtenir sa libération.

Si le recours , quoique tardif, est néanmoins admis, la traite ne dégénère pas en simple promesse, comme on l'avait pensé, c'est toujours une bonne et valable lettre de change. Enfin , aux termes de l'art. 171, les effets de la déchéance cessent en faveur du porteur, contre le tireur ou contre celui des endosseurs qui après l'expiration des délais fixés pour le protêt , la notification du protêt ou la citation en jugement a reçu pour compte , compensation ou autrement les fonds destinés au paiement de la lettre de change ; mais comme celui qu'on peut poursuivre de cette manière n'est plus engagé d'après le lien étroit du change et que son obligation est toute naturelle, l'efficacité de l'action dirigée contre lui n'est plus aussi grande que dans le cas ordinaire , et ne saurait le soumettre à la contrainte par corps , réglementée en matière de commerce par la loi du 19 avril 1832.

Supposons maintenant qu'une lettre de change est souscrite en compensation de la valeur d'un immeuble que l'on a acheté. Dans les délais du paiement , l'acquéreur apprend que le vendeur n'était pas le véritable propriétaire et qu'il doit craindre d'être évincé, pourra-t-il opposer au porteur l'exception d'éviction ? tous les principes de la lettre de change s'opposent à ce qu'il en soit ainsi , car les droits des tiers sont tout-à-fait à part des conventions qui ont donné naissance à la traite , et en cas d'éviction l'acquéreur n'aurait donc de recours que contre son vendeur.

Il arrive aussi fréquemment qu'au moment d'ouvrir un crédit chez un banquier, le commerçant consent en sa faveur qu'il soit pris sur ses immeubles une inscription hypothécaire pour une somme déterminée. Evidemment cette hypothèque a pour but de garantir le paiement des lettres de change au sujet desquelles le crédit est ouvert, de sorte que le tiers-porteur aura droit au bénéfice de l'hypothèque, puisqu'il possède le titre qui lui a donné naissance,

Indépendamment de toutes les formalités dont nous venons de parler, et que la loi prescrit pour l'exercice de l'action en garantie, le porteur d'une lettre de change protestée faute de paiement, peut, en obtenant la permission du juge, saisir conservatoirement les effets mobiliers du tireur, accepteur et endosseur.

DROIT ADMINISTRATIF.

Du règlement de juges. — Conflit négatif d'attribution. — Conflit de juridiction. — Procédure en règlement de juges.

Le conflit se présente, lorsque deux tribunaux sont saisis d'une affaire ou veulent s'en saisir, alors qu'il n'y en a qu'un seul compétent pour la connaître. — Si ces tribunaux sont de même ordre, par exemple, si ce sont deux tribunaux administratifs, le conflit est appelé *conflit de juridiction*. Au contraire, s'ils appartiennent à des ordres différens, un tribunal judiciaire et un tribunal administratif, le conflit est dit *d'attribution*. Cette division en conflits de juridiction et d'attribution n'est pas une division juridique, elle n'a été établie que par la doctrine.

On distingue encore le *conflit positif* du *conflit négatif :* le premier a lieu lorsque les tribunaux saisis se déclarent compétens ; le second, lorsqu'ils déclinent cette compétence.

Cela posé, arrivons au règlement de juges dont nous avons à nous occuper; les distinctions générales que nous venons de donner nous étaient nécessaires pour rechercher dans quels cas cette procédure a lieu et nous faire comprendre les formalités à suivre.

En procédure civile, le règlement de juges a lieu lorsqu'un même différend existe devant deux ou plusieurs tribunaux, et il est porté devant le tribunal supérieur, soit un tribunal de première instance, ou une cour royale, ou la cour de cassation. Sur le vu des demandes formées dans différens tribunaux, il est rendu, sur requête, jugement portant permission d'assigner en règlement de juges. En est-il de même en matière administrative? Tout conflit ne donne pas ici naissance au règlement, et le conflit positif d'attribution notamment est régi par des formes tout-à-fait à part qui l'éloignent de cette procédure. Il n'en est pas de même du conflit négatif d'attribution, qui doit être considéré comme la véritable source du règlement de juges; de sorte qu'il faudra, pour recourir à cette voie, que les deux autorités, administrative et judiciaire, se soient déclarées incompétentes et se soient dessaisies, alors qu'il est certain que l'une d'elles devait connaître du litige. Il faut, de plus, que la contestation existe entre les mêmes parties et pour le même objet. Ainsi, il n'y aurait pas lieu à règlement de juges, si aucun des tribunaux n'était compétent, car le tribunal qui aurait dû être saisi ne l'ayant pas été, le conseil-d'état n'a pas besoin d'intervenir pour l'obliger de connaître d'une affaire qu'il n'a pas refusé de juger, puisqu'elle n'a pas été portée devant lui. Quant au conflit de juridiction, il peut aussi quelquefois donner lieu à la procédure en règlement de juges, mais non d'une manière absolue comme celui dont nous venons de parler, et les parties peuvent choisir entre ce recours et celui de l'appel.

Aux termes de l'ordonnance du 1er juin 1828, le préfet seul a le droit d'élever le conflit positif. L'art. 6 porte en effet : lorsque le préfet estimera que la connaissance d'une question, portée devant un tribunal de première instance, est attribuée par une disposition législative à l'autorité administrative ; il pourra, alors même que l'ad-

ministration ne serait point en cause, demander le renvoi à l'autorité compétente. À cet effet, le préfet adressera au procureur du roi
un mémoire dans lequel sera rapportée la disposition législative, qui
attribue à l'administration la connaissance du litige ; le procureur du
roi fera connaître dans tous les cas la demande formée par le préfet,
et requerra le renvoi si la revendication lui paraît fondée. — C'est
donc le préfet et le préfet seul qui a le droit d'élever le conflit positif
d'attribution, et un particulier ne pourrait pas le forcer à le faire,
parce que ce conflit n'a été introduit qu'en vue de l'intérêt général.
Il n'en est pas de même du conflit négatif. L'intérêt particulier seul
est en souffrance; les parties, en effet, sont momentanément privées
d'un droit qu'elles sont fondées à réclamer, celui d'avoir des juges ;
aussi ce sont elles qui poursuivent le règlement devant le conseil-
d'état, selon les formes établies en matière contentieuse. Il est donc
nécessaire de présenter une requête, signée d'un avocat au conseil,
et d'obtenir une ordonnance de *soit communiqué*. Ce recours, du reste,
admet toute espèce d'opposition et de défense, et, en d'autres termes,
il se forme et se juge comme un pourvoi ordinaire, et nous ne sommes pas de l'avis de M. de Cormenin, qui pense que les parties n'ont
pas besoin d'être assignées.

On conçoit que lorsqu'on se pourvoit en réglement de juges, on ne
puisse pas encourir de déchéance, puisque la contestation qui a
donné lieu au conflit doit être vidée, et qu'elle ne peut l'être qu'autant qu'il sera statué sur ce réglement ; la déchéance ne ferait donc
qu'entraver la marche de l'affaire et la prolonger sans aucun but
utile.

L'ordonnance du conseil d'Etat, en renvoyant les parties devant
le tribunal compétent, produit un double effet; elle valide la décision du tribunal qui s'était déclaré incompétent à juste titre, et
annulle celle du tribunal qui avait à tort décliné ses pouvoirs pour
le saisir de l'affaire. Une fois saisi par le conseil d'Etat, il ne peut
plus refuser à juger, car il faut que le débat ait une fin.

Si la question qui donne lieu au règlement de juges était préjudicielle, par exemple, si avant de juger la cause il était nécessaire d'interpréter un acte administratif, l'affaire principale devrait rester en suspens, jusqu'à ce qu'il fût statué et sur le conflit et sur la question préjudicielle.

———

Cette Thèse sera soutenue, en séance publique, le 8 août 1846.

Vu par le président de la Thèse, doyen de la Faculté,

LAURENS.

Toulouse, imprimerie de J.-M. PINEL, rue du Poids-de-l'Huile, 2.

www.ingramcontent.com/pod-product-compliance
Lightning Source LLC
Chambersburg PA
CBHW070736210326
41520CB00016B/4477